ERNEST LEGOUVÉ

# NAPOLÉON I^ER^

## DEPUIS SA MORT

PARIS

ADMINISTRATION DES DEUX REVUES

111, BOULEVARD SAINT-GERMAIN, 111

1893

# NAPOLÉON Ier DEPUIS SA MORT

EXTRAIT DE LA *REVUE BLEUE*

ERNEST LEGOUVÉ

# NAPOLÉON I^ER

## DEPUIS SA MORT

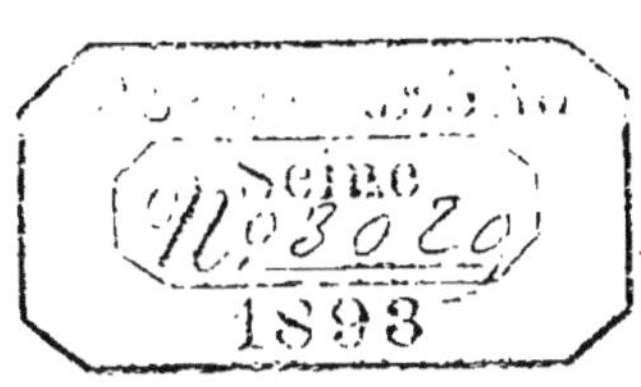


PARIS
ADMINISTRATION DES DEUX REVUES
111, BOULEVARD SAINT-GERMAIN, 111

1893

# NAPOLÉON Ier DEPUIS SA MORT

---

*Requiescunt in pace* (Ils reposent en paix) ne s'applique pas à tous les morts. Il y en a qui sont plus actifs que des vivants. Bien peu d'hommes d'État, placés à la tête de notre gouvernement depuis soixante ans, ont été plus mêlés à nos affaires quand ils étaient dans ce monde, que Napoléon depuis qu'il n'y est plus. Sa vie posthume fut aussi accidentée que sa vie réelle. Trente ans d'une marche ascendante et triomphale qui rappelle les successions de ses victoires, puis, tout à coup, une catastrophe qui le précipite, ce semble, du comble de la gloire, comme sa dernière défaite l'avait précipité du trône.

C'est cette biographie d'outre-tombe que je voudrais retracer ici, sans aucun esprit de polémique, en simple narrateur, et en me bornant à ce que j'ai vu, ou entendu.

Une de mes parentes m'a souvent raconté qu'en 1813, étant assise aux Tuileries, sur la terrasse des Feuillants, elle vit passer l'Empereur en voiture découverte et revêtu de son costume d'apparat : toque avec des plumes, le diamant le *Régent* au bord de toque, manteau de velours noir, dessous de satin, en fin en habit de théâtre.

Il se rendait au Corps législatif pour aller demander une nouvelle levée d'hommes...

— Eh bien, me disait-elle, le croiriez-vous? la foule l'a accueilli avec des huées et des sifflets!

Deux ans après, en 1815, il circulait dans Paris une lithographie qui faisait grand bruit. Cette lithographie était, je crois, d'Horace Vernet. Elle représentait une scène de labourage. On voyait dans un champ une charrue tirée par un âne; une femme dirigeait la charrue, et un enfant conduisait l'âne. J'entendais dire autour de moi : « Voilà ce que Napoléon a fait de la France!... Il n'y a plus dans nos campagnes ni hommes valides, ni chevaux; il a tout dévoré! » Ce sentiment était celui de la haute et moyenne bourgeoisie presque tout entière. Le peuple et l'armée restaient fidèles à l'Empereur; mais les classes élevées et libérales le maudissaient comme un fléau, et le détestaient comme un despote.

Six ans plus tard, dans les derniers jours de mai 1821, une grande douleur se répandit sur presque toute la France. Beaucoup de familles prirent le deuil. Les personnes même indifférentes gardaient le silence du respect devant un regret qu'elles ne partageaient pas. Quel événement causait donc cette douleur?... Qui pleurait-on?... Napoléon!

Il était mort le 5 mai à Sainte-Hélène, et c'est l'annonce de sa mort qui jetait la désolation dans tant de cœurs. Un de ses ennemis les plus illustres et les plus ardents, Népomucène Lemercier, fondit en larmes en l'apprenant.

Comment expliquer un tel revirement dans l'esprit public? Que s'était-il donc passé dans ces six ans, pour que l'homme, si haï en 1815, fût pleuré en 1821? Qu'y avait-il eu? Il y avait eu... Sainte-Hélène!

M. Guizot m'a dit avoir tenu entre ses mains le cahier de géographie de Bonaparte écolier. Ce cahier, écrit tout entier de sa main, contenait l'énumération de quelques contrées de l'Afrique et se terminait par ce mot : « Sainte-Hélène, petite île. »

Certes, c'est un hasard bien saisissant que celui qui amène un tel mot sous une telle plume, et au début d'une telle vie. Mais bien plus extraordinaire encore est l'influence de cette petite île sur cette destinée. Sainte-Hélène compte autant dans la carrière de Napoléon que Marengo ou Austerlitz : elle a autant fait pour sa gloire. C'est Sainte-Hélène qui, effaçant son despotisme sous ses tortures, l'a changé, lui, en martyr et ses ennemis en bourreaux. C'est à Sainte-Hélène qu'il est devenu, pour les poètes, Prométhée sur son rocher, le Christ sur son calvaire, Jeanne d'Arc sur son bûcher! C'est Sainte-Hélène qui a fait de lui le plus admirable sujet d'inspiration lyrique, et a groupé autour de son nom, comme autant de coryphées, les voix immortelles de toute l'Europe : lord Byron, Manzoni, Pœtefi, Victor Hugo, Béranger, Casimir Delavigne. Enfin, c'est de Sainte-Hélène qu'est parti ce livre qui fit une véritable révolution en France, *le Mémorial*. Il faut avoir vécu dans ce temps-là pour se rendre compte de l'effet produit par ces volumes. On eût dit une résurrection. C'était lui-même qui apparaissait dans ces pages. C'était sa voix qu'on entendait. Autant de paroles, autant d'oracles! Du haut de son rocher, il distribuait des récompenses, il rendait des jugements. Un mot de lui était un brevet ou un arrêt. Quand il disait du général Foy, du général Lamarque, du général Gérard : « C'étaient mes futurs maréchaux, » il les faisait monter d'un grade dans l'armée. La pitié se mêlait au respect et à l'admiration. On s'attendrissait sur ce mari abandonné par sa femme, s ce père séparé de son enfant. Quand nous lisions qu ne pouvait prononcer le nom de son fils sans que s yeux se remplissent de larmes, nous nous sentio émus comme lui. Enfin, telle était la puissance d'a traction de cette petite île, que des vaisseaux se d tournaient de leur route pour saluer de loin ce roche on y faisait des pèlerinages pour s'incliner sur cet tombe, et j'ai vu distribuer autour de moi comme d présents et conserver comme des reliques, quelque feuilles cueillies sur le saule qui ombrageait le sé pulcre de Sainte-Hélène.

C'est sous l'impulsion de tous ces sentiments qu se produisit un phénomène absolument étrange. Cett ombre rentra dans la vie active : ce mort devint u chef de parti! Les libéraux l'enrôlèrent dans leur rangs. En réalité, rien de plus absurde que cet amalgame de bonapartisme et de libéralisme. Mais les masses n'y regardent pas de si près, ni les jeunes gens non plus ; nous tous, garçons de dix-huit à vingt ans, nous étions à la fois enragés bonapartistes et enragés libéraux. Quant aux chefs politiques, leur enthousiasme était calcul; l'alliance avec Napoléon leur apportait deux auxiliaires puissants : le peuple et l'armée. Ils firent donc de son nom une arme de guerre contre les Bourbons. Les Bourbons, revenus avec l'étranger et le drapeau blanc, représentaient la défaite nationale et l'ancien régime; ils lui opposèrent dans Napoléon, le promulgateur du Code civil, le vainqueur de l'Europe, le défenseur de l'égalité; si bien que, quand les ordonnances de Juillet précipitèrent toute la population de Paris à l'attaque de la monarchie, on peut dire qu'à la tête des assaillants se trouvait le captif de Sainte-Hélène : Napoléon est un des combattants de Juillet.

Après la victoire, le butin. Il y eut sa part.

Le 7 août 1830, quand Louis-Philippe entra à la Chambre des députés pour y être proclamé roi, Napoléon y entra avec lui ; car c'est sous le drapeau tricolore que le nouveau souverain prêta son serment. Or qu'était-ce que le drapeau tricolore, sinon le souvenir vivant de la gloire impériale autant que de la gloire républicaine.

Deux mois après, le 7 octobre, un groupe de députés bonapartistes demanda à la Chambre la translation sous la Colonne des restes de l'Empereur. Des questions de politique étrangère, des difficultés de diplomatie, et peut-être aussi quelques prévisions justement craintives déterminèrent le refus de la Chambre, qui passa à l'ordre du jour.

Victor Hugo répondit à ce refus par une ode à la Colonne, qui était en même temps un iambe :

Oh ! quand tu bâtissais de ta main colossale
Pour ton trône appuyé sur l'Europe vassale
Ce pilier souverain,
Ce bronze devant qui tout n'est que poudre et sable,
Sublime monument, deux fois impérissable,
Fait de gloire et d'airain,
Oh ! qui t'eût dit alors, à ce faîte sublime,
Tandis que tu rêvais sous ce trophée opime
Un avenir si beau,
Qu'un jour à cet affront il te faudrait descendre,
Que trois cents avocats oseraient à ta cendre
Chicaner ce tombeau !...

Toute la jeunesse récitait cette ode avec enthousiasme : « Chicaner ce tombeau » nous semblait sublime.

En vain Auguste Barbier répondit-il par ses strophes sur « le Corse aux cheveux plats ». On admira ses vers, mais on n'en tint compte ; et quant au

*

vote de la Chambre, on le cassa de la plus origin façon. Les restes de Napoléon étaient proscrits... les laissait en exil... Hé bien! ce fut sa personne mê qui fut ramenée en France! Comment? Rien de pl simple : chaque soir, tous les théâtres de Paris, l'Odéo la Porte-Saint-Martin, le Vaudeville, les Variétés, l Nouveautés, le Théâtre enfantin de M. Comte, produ sirent sur la scène quelque épisode de l'Empire, c'es à-dire l'Empereur même. On cherchait quel acteu par sa taille, par son profil, par sa façon de mettre se mains derrière le dos, ou de tenir sa lorgnette, pou vait le mieux rappeler le grand homme. Gobert, de l Porte-Saint-Martin, Edmond, du Cirque, se firent un réputation rien qu'avec cette ressemblance. Telle étai la folie où ces espèces d'évocations jetaient la foule que M. Provost, du Théâtre-Français, m'a raconté qu'à la Porte-Saint-Martin, dans un drame sur Sainte-Hélène où il jouait le rôle de sir Hudson Lowe, il fut apostrophé à mi-voix par un des spectateurs de l'orchestre qui lui disait, en lui montrant le poing : « Ah! gredin! Ah! misérable! Je vais te faire ton affaire tout à l'heure! »

Bientôt trois événements extérieurs vinrent successivement accroître encore le pouvoir de cette mémoire qui grandissait toujours.

En 1832, le duc de Reichstadt mourut à Vienne, et la mort du fils renouvela toutes les douleurs de la mort du père.

En 1836, le prince Napoléon fit sa tentative de Strasbourg. Cette échauffourée échoua, ce semble, dans le ridicule... Oui, pour les classes élevées, mais non pas pour le peuple... Elle donna pour lui un corps à ce qui n'était qu'un nom, changea un souvenir en une espérance : l'Empereur avait un héritier! Enfin, le 21 août 1840, le gouvernement, obéissant à une impulsion mystérieuse et irrésistible, M. de Rémusat, le ministre de l'intérieur, monta à la tribune et, d'une voix émue, demanda un crédit d'un million pour la translation des restes de l'Empereur à Paris. Cette déclaration tout à fait inattendue produisit dans la Chambre une sorte de commotion électrique, qui se répandit non seulement dans toute la France, mais dans l'Europe entière. Henri Heine a traduit l'émotion générale dans cette phrase caractéristique : « Le monde tressaillit à l'idée du géant de Sainte-Hélène sortant de son tombeau et se dirigeant vers la France, comme pour en reprendre possession. » Chose frappante! pendant qu'en octobre 1830 cette même proposition avait été repoussée dédaigneusement par un simple ordre du jour, en 1840 elle ne rencontra qu'une seule voix opposante. Il est vrai que cette voix était celle de Lamartine. Relu à cinquante ans de distance, son discours reste comme un des plus beaux monuments d'éloquence politique. Les anciens donnaient au poète le nom de *vates*, prophète; Lamartine, ce jour-là, mérita ce beau nom. Son discours, mélange incomparable de grandeur, d'ironie, de tristesse, de déférence pour le génie et de haine pour le despotisme, se termine par cette péroraison : « Vous le voulez! Ramenez ces restes! Placez-les où vous voudrez, à Saint-Denis, sous la Colonne, aux Invalides, mais gravez sur le monument la seule inscription qui réponde à votre enthousiasme et à notre prudence : *A Napoléon seul.* »

Ce mot sublime fut à peine entendu, et le 10 décembre 1840 arrivaient à Paris, ramenés par un fils de roi, ces restes qu'on appelait des cendres, comme pour leur prêter je ne sais quel poétique prestige d'antiquité. Ceux qui ont vu cette journée ne l'oublieront jamais. Ce fut un second retour de l'île d'Elbe. On eût dit un monarque rentrant en triomphe dans sa capitale. Le ciel même semblait s'être mis de la fête. Au ciel, le soleil d'Austerlitz! Dans l'air, des milliers petites étoiles de glace qui, en tombant, irisaient sol et le char. Pour porte d'entrée, l'Arc de Triomph Pour cortège, les débris de l'ancienne armée mêl aux gloires de la nouvelle! Sur tout le parcours, u foule innombrable, étagée sur des estrades et salua d'acclamations passionnées chaque pas du char q s'avançait! Aux Invalides, toutes les autorités const tuées, tous les pouvoirs publics, l'Armée, le Parl ment, la Magistrature, l'Université, les Académies, e grand costume, inclinant devant ce cercueil l'élite d la France libre! Enfin, pour couronnement de cett journée d'apothéose, le *Requiem* de Mozart, chanté pa ce que tout Paris comptait de plus illustres artistes!

A cinq heures, tout était fini. Le bruit et l'éclat d cette fête triomphale s'éteignaient peu à peu, et l soir, quand le silence et la nuit eurent repris possession de la ville, il y avait deux rois de France à Paris, l'un aux Tuileries, l'autre aux Invalides.

De 1840 à 1848, la France fut travaillée d'un mal étrange, que Lamartine caractérisa par un mot profond : « *La France s'ennuie!* » Pourquoi s'ennuyait-elle? Elle avait soif de gloire. Elle était reprise d'un besoin de batailles et d'aventures; le grand Retour avait remué dans son âme tous ses ferments d'ardeur belliqueuse.

Le roi résistait avec toutes les forces de la conviction à ces agitations qu'il jugeait malsaines et dangereuses. Il se complaisait à s'entendre appeler *le Napoléon de la Paix.* M. Thiers, tant qu'il fut ministre, avait poussé dans un sens contraire avec une énergie égale, et un jour, dans une discussion avec Louis-Philippe, il alla jusqu'à lui dire : « *Sire, le Napoléon de la Guerre a péri par la guerre, le Napoléon de la Paix périra par la paix.* »

M. Thiers, ayant été remplacé par M. Guizot, retourna

à ses travaux et publia, de 1845 à 1847, les premiers volumes de son *Histoire de l'Empire*. Nouveau triomphe pour l'Empereur.

Là apparut en lui, non plus seulement l'homme de guerre, mais l'organisateur, l'administrateur, le législateur; là se produisirent devant nous, dans tous leurs détails, ses grandes créations sociales : l'établissement du Concordat, la reconstitution de l'Université, l'achèvement et la promulgation du Code civil, la réorganisation de nos finances. Je ne sais quoi de plus sévère, de plus grave s'ajouta à sa gloire. Le souvenir de son despotisme, dont on ne souffrait plus, s'effaça devant ses services dont on profitait encore, et l'admiration réfléchie d'un grand nombre d'esprits sérieux se joignait peu à peu à l'enthousiasme des passionnés, quand éclata la révolution de Février.

Quelle part y eut-il? Aucune, je crois. En réalité, personne n'a fait la révolution de Février. Elle s'est faite. Comment? pourquoi? Il y a là un mystère qui reste inexplicable. Mais une fois l'événement accompli, une fois le trône renversé, le terrible hôte des Invalides rentra en scène et reprit sa part dans les événements.

Quatre actes foudroyants, et qui rappellent ses campagnes d'Italie, signalèrent son intervention dans notre histoire.

En juin, il fit rentrer son neveu exilé.

En octobre, il le fit nommer député.

Le 10 décembre 1848, président de la République.

Le 2 décembre 1852, Empereur. En dix-huit ans, cette ombre avait brisé un trône, renversé une république, fondé une dynastie! Que lui restait-il à faire? Elle ne pouvait plus monter, non! mais elle pouvait descendre! Ici commence la seconde phase, et la plus extraordinaire peut-être, de cette destinée posthume.

*
* *

Le 2 Décembre est né du 18 Brumaire. L'un ne se serait jamais produit sans l'autre. Napoléon III n'a pas seulement emprunté l'idée de son coup d'État à Napoléon Ier il l'a étudié, imité, mais en même temps il l'a profondément modifié. Si l'attentat politique est le même les circonstances qui l'on entouré, les faits qui l'ont accompagné et suivi, en font un acte très différent. Carrel, dans un article éloquent, dit justement du 18 Brumaire : C'est un crime. Mais tel n'était pas le sentiment des contemporains. Interrogez tous les mémoires du temps, et vous verrez que, dans la grande majorité de la nation, le 18 Brumaire fut accueilli avec une vive joie. On vit le salut dans ce coup d'État qui s'était accompli sans effusion de sang et sans proscription. La France presque tout entière poussa un soupir de délivrance, comme le 9 Thermidor.

En peut-on dire autant du 2 Décembre?

Ici, je cède la parole à une voix plus autorisée que la mienne, et j'emprunte mon récit à un fait où je fus à la fois acteur et témoin. Ce jour-là, ces deux journées historiques m'apparurent, pour ainsi dire, en face l'une de l'autre, dans la personne de deux hommes éminemment propres à les représenter, le duc de Broglie (le père) et M. Nisard.

Voici ce qui se passa :

Le 3 avril 1856, une commission de l'Académie, dont je faisais partie, était convoquée pour entendre le discours de M. le duc de Broglie succédant à M. de Sainte-Aulaire. M. Nisard se trouva chargé de lui répondre. Le récit du 18 Brumaire avait sa place naturelle dans le discours du récipiendaire, puisqu'il succédait à un des témoins de cette mémorable journée. Quand il arriva à ce passage, M. le duc de Broglie, avec la gravité austère qui caractérisait son talent, commença ainsi :

« Quelque jugement qu'on porte sur la nature et le caractère politique du 18 Brumaire, cet événement fut heureux pour la France. *On peut tout exagérer, excepté le service qu'il nous a rendu.* »

Puis, partant de là, il consacra deux pages entières à nous peindre la désorganisation de la France sous le Directoire, son relèvement sous le Consulat, et finit en disant :

« Le mérite du 18 Brumaire fut non seulement de nous rendre la victoire et la paix, mais de remettre dans le gouvernement le bon sens et la prévoyance; dans l'administration, le bon ordre et l'économie; dans la législation, le respect des droits et des saines traditions; de fermer la plaie des convulsions politiques, de relever les autels, et de retrouver dans les décombres de l'ancien régime les éléments d'une société nouvelle fondée sur les principes éternels de la raison. »

Un tel langage, dans une telle bouche, excita, parmi ceux qui l'écoutaient, un sentiment singulier. Nous nous regardions les uns les autres avec étonnement. Plusieurs d'entre nous trouvaient cet éloge excessif, mais nous en étions encore plus intrigués que choqués. Nous sentions qu'il y avait sous ces paroles autre chose que ces paroles mêmes, et nous démêlions mal cette autre chose.

Notre incertitude ne fut pas longue. Soudain, presque sans transition, l'orateur, par un contraste saisissant, aborda le 2 Décembre. Alors, avec une force d'autant plus grande qu'elle restait contenue, il fit un tableau implacable de ce nouveau coup d'État : il le montra préludant par les mitraillades dans la rue, procédant par l'expulsion de ce que la France comptait de plus illustre dans l'armée, dans le Parlement, dans la magistrature, dans la presse, dans l'Académie, et poursuivant pendant de longs mois, dans tous les coins de la France, son œuvre de proscription. L'effet de cette page fut immense parmi nous. Par une rencontre singulièr les membres de la commission, choisis par le hasar semblaient choisis à dessein. La moitié, au moin appartenait aux plus violents adversaires de l'Empir C'étaient MM. Mignet, de Tocqueville, Villemain, Vite auxquels se joignaient Scribe et moi. Un seul d'entr nous avait écouté M. de Broglie dans un silence morne les lèvres serrées, la physionomie contractée; c'étai l'académicien chargé de lui répondre, c'était M. Nisard Il se trouvait dans une position cruelle. Dévoué de cœur à l'Empereur et à l'Empire, son honneur ne lui permettait pas de les laisser attaquer avec une telle violence sans les défendre. Il faut lui rendre cette justice, il fit vaillamment son devoir. Malgré les ardentes animosités qu'il sentait gronder autour de lui et retomber sur lui, il se jeta résolument dans la lutte, et aborda sans hésiter l'apologie du 2 Décembre.

Pas un des auditeurs ne protesta, car une des traditions de l'Académie est qu'on ne doit jamais interrompre l'orateur ; mais les physionomies irritées, les lèvres tremblantes, les gestes d'indignation mal contenus faisaient pressentir un violent orage. A peine, en effet, la dernière phrase terminée, M. Mignet et M. de Tocqueville se levèrent à la fois, allèrent droit à M. Nisard, très pâle sur sa chaise, et, l'apostrophant en face :

— De quel droit, monsieur, amnistiez-vous, au nom de l'Académie, un acte effroyable et repoussé par toute l'Académie ?

Un peu déconcerté par cette brusque attaque, M. Nisard, d'une voix émue, mais qui restait ferme, répondit qu'il n'avait fait que se défendre et défendre son opinion.

— Monsieur, répliqua vivement M. Villemain, il ne s'agit pas ici de votre opinion ; vous n'êtes pas M. Nisard, vous êtes le directeur de l'Académie, le représentant de l'Académie, et vous ne pouvez pas oublier que le coup d'État, absous par vous, a proscrit trois de nos plus illustres confrères, M. Thiers, M. Victor Hugo, M. Rémusat, et que M. Vitet a été appréhendé au corps comme un malfaiteur.

A chacun de ces noms, la colère montait dans l'auditoire et tournait à l'indignation. En vain M. Vitet, avec sa naturelle dignité d'attitude, essayait-il de ramener le calme; en vain M. de Broglie marquait-il par ses gestes son déplaisir d'avoir amené un tel trouble, l'effervescence devenait de la violence, et une scène regrettable était à craindre, quand Scribe, avec ce sourire plein de finesse et de bon sens qui était un de ses charmes, dit d'une voix très douce :

— Mes chers confrères, me permettez-vous une observation ? Je suis ici sur mon terrain ; nous voilà dans une de ces situations telles que j'en ai vu souvent au théâtre, qui semblent absolument inextricables, et d'où j'ai eu quelquefois la bonne chance de sortir à mon honneur. Eh bien, le cas est le même. Je vois ici un dénouement facile, et si vous vouliez nous accorder votre confiance à M. Vitet et à moi, et nous laisser seuls avec les deux orateurs, je crois que dans un quart d'heure tout serait terminé.

Ainsi fut fait; nous nous retirâmes tous, et, après quelques minutes d'entretien, l'accord était complet : M. de Broglie, sur la proposition de Scribe, consentit de grand cœur à retirer son attaque ; M. Nisard, du même coup, retira sa défense, le 2 Décembre était mis hors de cause, et à trois heures, à l'ouverture de la séance, le directeur put dire, selon la formule consacrée, que la commission avait entendu les deux discours avec un égal plaisir et leur prédisait un égal succès.

Mais voici le fait curieux : M. de Broglie n'oublia qu'une chose, c'est que son éloge excessif du 18 Brumaire n'avait pour objet que de justifier son attaque contre le 2 Décembre ; il retira l'attaque sans pen à retirer l'éloge, de façon qu'à la séance publique fut un tolle universel dans la presse républicaine con cette apologie de Bonaparte. On fit à l'orateur les p vifs reproches, et quelques jours plus tard, quand porta aux Tuileries, selon l'usage, l'exemplaire de s discours, relié en un beau papier d'or, l'Empereur dit, avec un demi-sourire :

— Monsieur le duc, j'ai déjà lu votre discours, avec le plus vif plaisir. Je vous remercie de tout ce q vous avez dit du 18 Brumaire, et j'espère que vot petit-fils en dira autant du 2 Décembre.

L'Empereur se trompait. Le 18 Brumaire n'a p réhabilité le 2 Décembre. C'est le 2 Décembre qui incriminé le 18 Brumaire. Par une sorte de reversib lité rétroactive, le sang versé par le second coup d'Éta a rejailli sur le premier, qui n'en a pas versé. Les gé nérations nouvelles les ont enveloppés tous deux dan le même anathème, et Victor Hugo, dans *les Châtiments* oubliant ses vers sur la Colonne et voulant réuni toutes les accusations portées contre Napoléon Ier en une seule, l'a marqué au front, comme d'un stigmate ineffaçable, de ce mot : 18 *Brumaire*.

Du 18 Brumaire, en effet, partit, sous l'impulsion des sentiments hostiles au second Empire, la revision totale du règne de Napoléon Ier. On le rabaissa avec la même passion qu'on l'avait exalté. Ce fut comme un immense procès en appel, où furent cités tour à tour les principaux actes du gouvernement impérial, et qui aboutit à une condamnation rigoureuse. On vit le spectacle, sans exemple, je crois, d'une illustre mémoire tombant degré à degré comme elle avait grandi.

Parmi ces réquisitoires, je nommerai en première ligne, quoiqu'il ne soit pas le premier en date, *l'Histoire de Napoléon*, de M. Lanfrey.

Posée nettement et systématiquement comme une ntithèse en face de l'ouvrage de M. Thiers, l'histoire le M. Lanfrey reprit une à une les grandes guerres, es grandes créations, les grands actes administratifs, es grands actes politiques de l'Empire, et soumit les ppréciations, souvent enthousiastes de son illustre devancier, au contrôle d'une investigation scrupuleuse et d'une autorité de principes inflexibles ; l'effet produit fut considérable, même sur M. Thiers.

Un second historien alla plus loin.

M. Lanfrey avait été sobre de critiques devant le génie militaire de l'Empereur. Le colonel Charras mit en lumière les défaillances et les fautes de ce génie, dans son livre sur la campagne de Waterloo. Écrit pour ainsi dire sur le champ de bataille même, fondé sur des témoignages directs, le livre de Charras accusa l'Empereur d'imprévoyance, d'aveuglement et d'inhabileté. Cette accusation souleva de violentes polémiques. J'ai entendu M. Cousin traiter l'ouvrage, devant M. le chancelier Pasquier, de pamphlet calomnieux. A quoi le chancelier, de ce ton péremptoire, auquel son grand âge et sa longue expérience donnaient tant d'autorité, lui dit : « Monsieur Cousin, j'ai la prétention de savoir les choses qui se sont passées de mon temps, mieux que ceux qui n'y étaient pas. Le colonel Charras a dit la vérité. » Un témoignage bien inattendu confirma, pour moi, l'opinion du colonel Charras. M. Guizot m'a raconté qu'un jour où il causait avec lord Wellington de la bataille de Waterloo, le général anglais lui dit ces mots textuels : *I was happy, and the Emperor Napoleon was sometimes more skilful.* « Je fus heureux, et l'empereur Napoléon fut quelquefois plus habile. »

Bientôt s'éleva contre l'Empereur un juge bien autrement sévère encore que M. Lanfrey, le comte d'Haussonville. Son remarquable ouvrage sur les rapports de Napoléon avec le pape Pie VII nous mo[illegible] un Napoléon nouveau. On le savait bien despote, ne le savait pas cruel. Le récit de ses cruautés, ses duplicités, de son ingratitude pour le pontife devait lui être trois fois sacré, par son titre, par âge et par son dévouement, excita un sentiment néral d'indignation. Rien, pas même les Mémoi de madame de Rémusat, ne porta une plus r[illegible] atteinte à la mémoire de Napoléon. Vint alors la [illegible] blication officielle de sa correspondance. Faite é demment en vue de le grandir, elle fournit une n[illegible] velle arme contre lui. Ses instructions à ses frè rois témoignèrent parfois d'un tel mépris des lois la justice et des droits des peuples, qu'on peut di que sa statue s'écroulait pièce à pièce, quand la guer de 1870 éclata. Ce fut le dernier coup. La respons bilité de nos désastres retomba sur lui. Notre iso ment en Europe, la haine implacable de l'Allemagn l'abandon de la Russie, furent considérés comme a tant de legs de sa politique néfaste ; Sedan fut pour l un second Waterloo. Sa puissance y a sombré av sa dynastie. Son rôle actif a fini ce jour-là. Ce jour-l il est mort pour la seconde fois, et pour toujours. Ma reste sa mémoire ! Que deviendra-t-elle ? par quell vicissitudes passera-t-elle encore ? Jamais nul êtr humain n'a agi plus puissamment sur les imaginatio humaines ! Aujourd'hui même son charme n'est pa rompu. Son prestige semble renaître... Prestige tou individuel, mais qu'il ne faut pas plus nier que le re douter. L'éclatant succès de plus d'un écrit récent nou prouve qu'une partie du public en est encore au refrain de Béranger :

> Parlez-nous de lui, grand'mère,
> Parlez-nous de lui.

Attendons l'histoire ! Quelle y sera sa place ? Quel jugement définitif portera de lui la postérité? Nul ne le sait. Mais nous, hommes d'aujourd'hui, nous pour qui le pays est tout, nous qui souffrons si cruellement de ses angoisses et de ses douleurs présentes, nous ne pouvons penser à cet être prodigieux sans un amer regret, et sans nous dire : Ah! si avec tant de génie, et un tel ascendant sur les hommes, il avait eu dans ses veines une goutte du sang de Washington, quelle France il aurait faite!

Paris. — MAY & MOTTEROZ, L.-Imp. réunies,
7, rue Saint-Benoît.

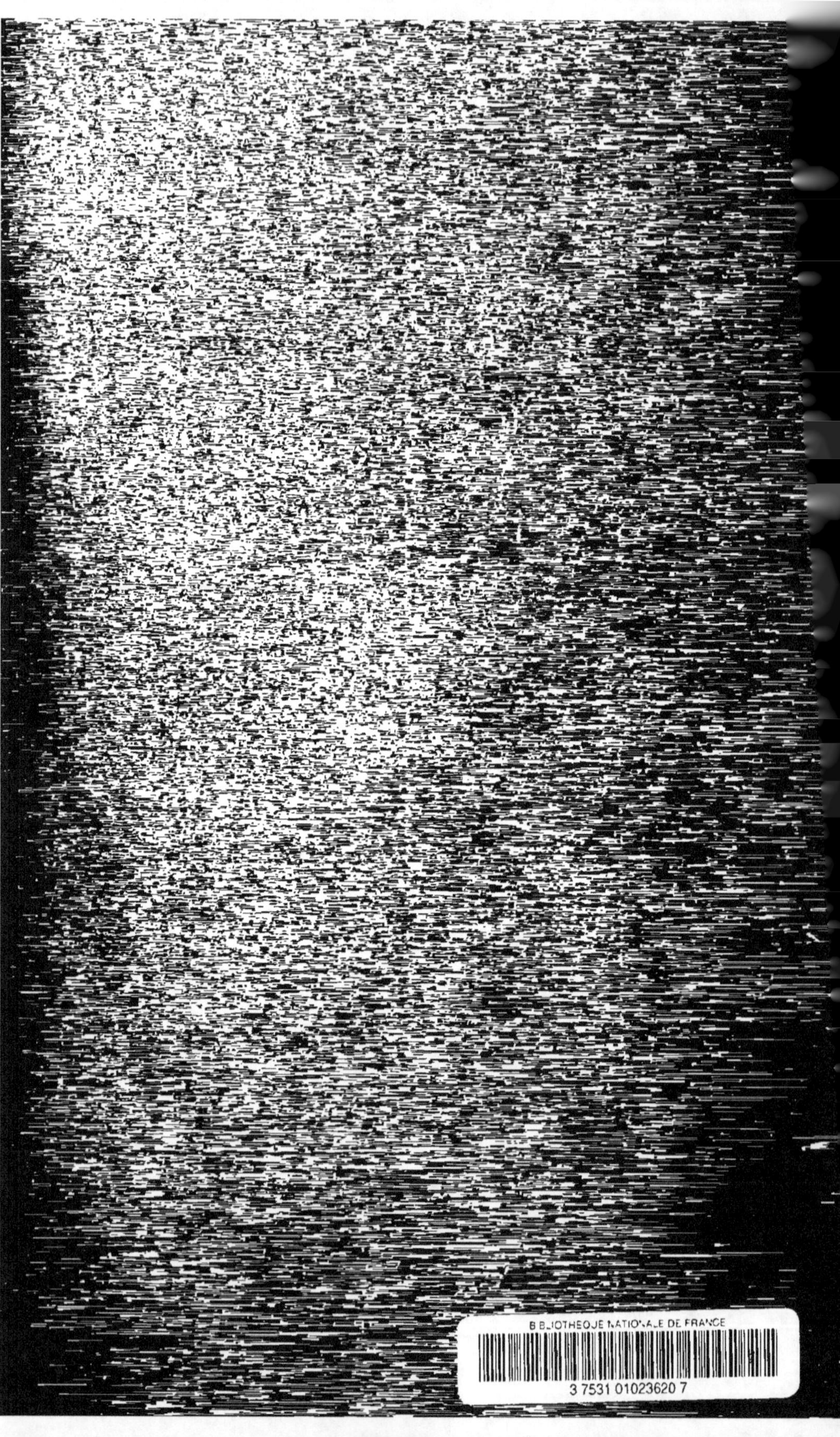

www.ingramcontent.com/pod-product-compliance
Lightning Source LLC
LaVergne TN
LVHW020309230826
846091LV00006B/2607
*9782012393745*